Math challenger

수학 영재들이
꼭 읽어야 할 천재 수학자 **4**

수학의 즐거움을 당당하게 누려라 **갈루아**

글 심은경

주 중에는 일하고, 주말에는 아이들 만나는 일을 하면서 짬짬이 어린이책을 썼습니다. 2012년 청소년 단편 소설 〈마마보이와 바리스타〉로 푸른문학상 '새로운 작가상'을 수상하며 이야기 짓는 사람이 되었습니다. 지은 책으로는 《우리 집 위층엔 킹콩이 산다》, 청소년 소설집 《택배 왔습니다》 등이 있습니다.

그림 방기황

서울산업대학교에서 시각 디자인을 공부했습니다. 1999년 출판미술대전에서 대상을 받았고, 지금은 프리랜스 일러스트레이터로 활동하고 있습니다.
《바스커빌가의 개》, 《인왕산 호랑이와 강감찬》, 《알에서 태어난 박혁거세》 들에 그림을 그렸습니다.

감수 계영희

고신대학교 정보미디어학부 교수로 재직하고 있습니다. 한국수학교육학회 이사를 지냈으며, 한국수학사학회 부회장, 한국수리과학회 이사를 맡았습니다. 지금은 수학 교사들을 대상으로 한 강연들을 통해 수학을 쉽고 재미있게 가르치는 일에 힘쓰고 있습니다.
《수학과 미술》, 《수학을 빛낸 여성들》, 《피아제와 반 힐레 실험에 근거한-우리 아이 수학 가르치기》, 《수학과 문화》 들에 글을 썼고 수학 잡지 〈수학사랑〉에 '수학과 미술'이라는 주제로 일 년 동안 글을 연재하였습니다.

Math challenger

수학 영재들이
꼭 읽어야 할 천재 수학자 4

수학의 즐거움을 당당하게 누려라

갈루아

글 심은경 | 그림 방기황 | 감수 계영희

살림어린이

추천 글

갈루아는 수학 문제를 읽는 순간, 바로 답을 알아낼 정도로 뛰어난 천재였어요. 머릿속으로 문제를 척척 풀 수 있었지요. 하지만 갈루아가 살던 때에는 프랑스가 정치적으로 무척 혼란스러웠어요. 큰 혁명도 일어났지요. 그래서 의협심이 강하고 감수성이 예민한 갈루아는 차분하게 공부를 할 수 없었어요. 수학에 열정을 바친 만큼 혁명을 위해서도 애를 썼지요.

갈루아는 살아 있는 동안에는 놀라운 천재성을 인정받지 못했어요. 늘 실패만 겪었지요. 그리고 오해에 휘말려 스무 살이라는 꽃다운 나이에 죽고 말았어요. 갈루아가 만든 '군 이론'은 백 년이 지나서야 사람들에게 인정받기 시작했어요. 갈루아는 자신이 만든 수학 이론으로 다시 태어난 거예요. 오랜 시간이 지났지만 무척 다행스러운 일이에요.

 아무리 능력이 뛰어난 천재라고 해도 혼란스러운 시기에 태어나면 빛을 발하기 힘들어요. 그것은 우리나라도 마찬가지예요. 일제 강점기나 육이오 전쟁 같은 시기에는 아무리 수학을 잘해도 쓸모가 없었을 거예요. 그에 견주면 지금은 무척 풍요로운 때이지요.
 여러분이 무럭무럭 자라 훌륭한 수학자가 될 것을 믿으면서 이 책을 추천해요.

2008년 5월

고신대학교 정보미디어학부 겸 유아교육과 교수

계영희

책을 읽기 전에

갈루아는 끝없는 싸움으로 이어진 짧은 삶을 살았어요. 부모님은 갈루아가 수학을 공부하는 것을 반대했어요. 그래도 갈루아는 수학을 포기하지 않았지요. 부모님의 반대를 무릅쓰고 수학 공부를 했어요. 하지만 갈루아는 에꼴 폴리테크니크 입학시험에 두 번이나 떨어졌어요. 논문도 인정받지 못했지요. 괴로웠지만 갈루아는 끝까지 수학을 버리지 않았어요. 그리고 혁명에 뛰어들었지요. 갈루아는 수학과 혁명에 모든 것을 바쳤어요.

짧은 시간이었지만 갈루아는 순수하고 당당하게 살았어요. 갈루아의 불꽃 같은 열정은 수학에 바쳤을 때나 혁명에 바쳤을 때나 똑같았지요. 꿈은 이루어졌어요. 매우 아름답고 완벽한 수학 이론으로 갈루아가 다시 태어났기 때문이에요. 여러분도 실패를 두려워하지 마요. 중요한 것은 꾸준히 노력하고, 포기하지 않는 마음과 정신이니까요.

2008년 5월
심은경

차례

새롭게 알게 된 능력 ---------- 8

재능을 알아차린 베르니에 선생님 ---------- 18

리샤르 선생님을 만나다 ---------- 28

시련이 시작되다 ---------- 42

국민 포병이 되다 ---------- 56

첫 수학 강의 ---------- 68

감옥에서 만난 사람들 ---------- 80

스테파니의 미소 ---------- 92

마지막 유언 ---------- 104

▶ 수학사에 남긴 갈루아의 업적 – 118
▶ 갈루아 더 살펴보기 – 124

새롭게 알게 된 능력

글짓기 시간이었습니다.
"에바리스트 갈루아!"
선생님이 화난 목소리로 갈루아를 불렀습니다.
"차라리 그림을 그려라. 이걸 글씨라고 쓴 거니?"
선생님은 갈루아가 낸 글짓기 숙제를 반 아이들에게 보여 주었습니다.
"우아, 저걸 어떻게 읽어?"

"글씨 되게 못 쓴다."

아이들은 책상을 두들기며 '와하하!' 웃었습니다.

갈루아는 선생님과 아이들이 깔깔대고 웃어도 아무렇지도 않았습니다.

'바보들, 그 글자는 내가 만든거라고!'

갈루아는 글짓기 시간에 배운 것을 일부러 무시했습니다. 그리고 자기 마음대로 글자를 만들어 숙제를 했습니다. 갈루아는 그것도 모르고 엉터리라고 비웃는 선생님이 오히려 우스웠습니다.

'선생님은 바보야. 실컷 웃으라지. 흥!'

선생님이 갈루아의 숙제를 읽다 말고 홱 돌아섰습니다.

"에바리스트, 너는 지금 웃음이 나와? 선생님을 약 올리는 거야?"

아무렇지도 않게 웃고 있는 갈루아를 본 선생님은 몹시 화를 냈습니다.

학기가 끝나고, 성적표를 받아 든 갈루아는 눈앞이 아찔했습니다. *낙제 점수를 받았기 때문이었습니다.

'선생님들이 다 짜고 나를 골탕 먹이려는 거야.'

갈루아는 몹시 분했습니다.

"정말 실망스럽구나. 에바리스트."

아버지가 화난 목소리로 말했습니다.

"수업 시간에 선생님 말씀 안 듣고 딴생각하니?"

갈루아는 고개를 숙이고 대답하지 않았습니다. 아버지를 실망시킨 것이 가슴 아팠기 때문이었습니다. 하지만 차마 학교에서 배우는 게 시시하다고 말할 수는 없었습니다.

갈루아는 무조건 시키는 대로 하라고 강요하는 선생님들이 싫었습니다. 갈루아는 수학 문제를 암산으로 척척 풀 수 있는데, 선생님들은 꼭 공책에 계산을 하라고 시켰습니다. 그리고 시키는 대로 하

*낙제 시험에 떨어져서 다음 학년으로 올라가지 못하는 것.

지 않는 갈루아를 나쁜 아이라며 나무랐습니다. 갈루아는 점점 학교가 싫어졌습니다.

"에바리스트, 아무리 내가 *시장이라도 네가 낙제하는 것까지 막을 수는 없구나. 남들보다 여섯 달 더 공부하는 것이니까 좋은 기회로 삼고 열심히 해라."

갈루아는 공부를 열심히 해서 아버지를 기쁘게 만들겠다고 마음먹었습니다.

어느 날 수학 시간이었습니다.

"*유클리드의《기하학 원본》이다."

베르니에 선생님은 책을 머리 위로 높이 들어 올렸습니다.

"《성경》보다도 더 대단한 책이야."

아이들이 웅성거렸습니다.

"시장에 가서 물건 값 제대로 못 내는 사람 있나?"

＊**시장** 지방 자치 단체인 시의 책임자로서 시를 맡아서 다스리는 사람.
＊**유클리드** 고대 그리스의 으뜸가는 수학자.

베르니에 선생님이 아이들에게 물었습니다. 아무도 손을 들지 않았습니다.

"그건 다 이제까지 배운 수학 덕분이야. 그렇지?"

베르니에 선생님의 말에 아이들이 고개를 끄덕였습니다.

"하지만 수학의 기본은 *기하학이다. 수학 문제를 아무리 풀어 봐야, 진짜 수학의 세계를 알지 못해. 물론 수학을 좋아하는 사람은 많아. 그들 가운데 몇 명은 선생님이 되고, 또 에꼴 폴리테크니크 같은 대학교에서 교수가 되겠지. 하지만 좋아하는 것만으로는 수학자가 될 수 없어."

베르니에 선생님은 잠시 뜸을 들이다가 다시 말을 이었습니다.

"진짜 수학자가 되고 싶다면 자나 깨나 수학만 생각할 각오가 되어 있어야 한다."

*기하학 도형, 공간 등의 성질을 연구하는 학문.

베르니에 선생님이 안경을 치켜 올렸습니다. 그리고 아이들을 쭉 둘러보았습니다.

"여자 친구라면 몰라도 수학 생각만 하는 건 힘든걸요."

한 아이가 짓궂게 말하자, 다들 키득거렸습니다. 하지만 갈루아는 베르니에 선생님이 들고 있는 《기하학 원본》에서 눈을 뗄 수가 없었습니다. 빛바랜 황금색 글자와 너덜너덜한 갈색 표지를 보자 가슴이 쿵쾅쿵쾅 뛰었습니다.

"선생님, 유클리드는 어떤 사람이에요?"

이번에는 다른 아이가 질문을 했습니다. 베르니에 선생님이 그 앞으로 성큼성큼 다가갔습니다.

"유클리드가 어떤 사람이냐고? 그게 왜 중요하지? 중요한 것은 끊임없이 연구하는 일이야. 오직 끈기만 필요할 뿐이지. 자, 수학자가 되고 싶은 사람?"

"저요!"

갈루아는 큰 소리로 대답하며 손을 번쩍 들었습니다. 아이들이 갈루아를 가리키며 배꼽을 잡고 웃었습니다. 수업 시간에 엉뚱한 짓만 하는 갈루아가 수학자가 되겠다니, 말도 안 된다고 비웃었습니다. 하지만 갈루아는 진심이었습니다. 《기하학 원본》을 올려다보는 갈루아의 눈이 반짝 빛났습니다. 베르니에 선생님이 갈루아를 보고 웃어 주었습니다.

수업을 마치는 종이 울렸습니다.

"이번 시간에 풀지 못한 문제는 다음 시간까지 풀어 오도록."

다른 아이들이 끙끙대며 고민하는 동안 갈루아는 베르니에 선생님이 낸 문제를 다 풀었습니다. 공책에 계산을 하지 않아도 머릿속에 푸는 방법이 술술 떠올랐습니다.

점심시간에 갈루아는 도서관으로 달려갔습니다. 유클리드의 《기하학 원본》을 찾아낸 갈루아는 그 자리에서 읽기 시작했습니다. 갈루아는 《기하학 원본》이 어떤 영웅전이나 마법 이야기보다도 재미있었습니다.

재능을 알아차린 베르니에 선생님

　기숙사에 불이 꺼졌습니다. 갈루아는 하루 종일 이때를 기다렸습니다. 아이들이 잠들자 갈루아는 도서관에서 빌려 온 책들을 꺼냈습니다. 책을 펼치자 어스름한 달빛 아래 기하학의 세계가 활짝 열렸습니다.
　갈루아는 *르장드르의 책에 나온 문제들을 술술 풀었습니다. 어떤 문제를 보아도 머릿속에 푸는 방법이 떠올랐습니다.

＊**르장드르** 타원 적분에 관해 연구한 프랑스의 수학자.

'우아! 나한테 이런 능력이 있었다니.'

갈루아는 잠이 오지 않았습니다. 책을 꼭 끌어안고 상상 속의 문제들과 숨바꼭질을 했습니다.

"에바리스트, 일어나!"

갈루아는 귀청이 떨어져 나갈 것 같은 소리에 놀라 눈을 떴습니다. *사감 선생님이 무서운 얼굴을 하고 서 있었습니다. 다른 아이들은 벌써 학교에 갈 준비를 하고 있었습니다. 그런데 갈루아는 일어날 수가 없었습니다. 담요를 턱밑까지 끌어 올리고 끙끙거렸습니다.

"어디가 아프니?"

사감 선생님이 걱정스러운 목소리로 갈루아의 이마를 짚어 보았습니다.

"이런, 열이 심하구나!"

사감 선생님은 갈루아에게 오늘은 기숙사에서 푹 쉬라고 했습니다. 혼자 남은 갈루아는 어젯밤에 읽

***사감** 기숙사에서 기숙생들을 지도, 관리하는 사람.

다 만 수학 책을 꺼냈습니다. 책을 읽는 동안에는 아픈 것도, 배고픈 것도 모두 잊어버렸습니다.

"이렇게 재미있는 기하학이 왜 어렵다는 거야."

갈루아는 수학 문제를 풀 때만큼은 자신이 다른 아이들과 다르다는 것을 깨달았습니다.

"꼭 훌륭한 수학자가 될 거야! 다들 다시는 나를 비웃지 못할 거야!"

자신감이 생긴 갈루아는 사람들을 깜짝 놀라게 하겠다고 마음먹었습니다.

'*선분 세 개를 이으면 삼각형이 하나 나오지. 그렇다면 선분 열 개로는 어떤 도형들을 몇 개나 만들 수 있을까?'

갈루아의 머릿속은 셀 수 없이 많은 도형들로 가득했습니다. 갈루아는 수업 시간에도 계속 도형들에 대해서 생각했습니다.

"에바리스트, 네가 설명해 보렴."

---

*선분 두 점을 곧게 이은 선.

베르니에 선생님이 갈루아를 불렀습니다. 하지만 상상에 빠진 갈루아는 대답하지 않았습니다. 베르니에 선생님이 다시 물었습니다.

"엉뚱한 생각만 하지 말고 어떻게 해서 이런 답이 나왔는지 설명해 보라니까?"

갈루아는 풀이 과정을 하나하나 설명하는 게 귀찮았습니다.

"대충대충 설명하지 말라고 했지? 푸는 과정을 그렇게 귀찮게 여기면 안 된다고 했잖아!"

베르니에 선생님은 다른 때보다 더 갈루아를 야단쳤습니다. 갈루아는 하는 수 없이 빠진 부분을 다시 설명했습니다.

갈루아는 수학 책과 함께 수학자들의 *전기도 읽었습니다. 특히 갈루아는 *아르키메데스가 수학 연구에 온 힘을 다 쏟는 모습에서 큰 감동을 받았습니다.

*전기 한 사람이 평생 동안 한 일을 적은 기록.
*아르키메데스 고대 그리스의 학자이자 발명가.

하지만 열여섯 살에 벌써 《원뿔곡선론》을 쓰고, 열아홉 살 때 계산기를 발명한 파스칼에게는 질투가 났습니다. 같은 프랑스 사람인 파스칼을 생각하면 갈루아는 자꾸만 힘이 빠졌습니다.

"나는 뭘 발견하지? 이렇게 생각만 하다가 끝나는 건 아닐까?"

일곱 달만 지나면 자신도 열여섯 살이 된다는 사실에 갈루아는 마음이 무거웠습니다.

"파스칼도 열여섯 살에 겨우 《원뿔곡선론》 한 권을 썼는걸. 나도 할 수 있어."

갈루아는 혼잣말을 하며 유명한 수학자가 된 자신의 모습을 상상했습니다.

드디어 학기가 모두 끝났습니다. 밤늦게 집에 돌아온 갈루아는, 서재 문이 조금 열려 있는 것을 보았습니다. 안에서는 두런두런 이야기하는 소리가 들려왔습니다.

"이 학생은 모든 질문에 대답을 제대로 하지 못함. 전혀 아는 게 없음. 다른 선생님에게 수학에 재능이 있다고 들었는데 그 점이 더욱 놀라움."
아버지가 어머니에게 갈루아의 성적표에 적힌 내용을 읽어 주고 있었습니다.
"세상에! 다른 선생님은 뭐라고 했어요?"

어머니가 물었습니다.

아버지는 계속해서 읽었습니다.

"수학을 매우 열심히 하며 똑똑함. 다만 자신의 생각을 쉽게 설명하지 못하여 아쉬움."

베르니에 선생님이 쓴 내용이었습니다. 갈루아가 수학 공부를 열심히 한다는 말에 어머니는 깜짝 놀랐습니다.

"수학이라고요? 우리 집안에 수학을 잘하는 사람이 없는데, 에바리스트는 누굴 닮은 거예요?"

다음 날 아버지는 갈루아를 서재로 불렀습니다.

"엄마랑 성적표를 보았다. 수학만 빼면 잘하는 게 하나도 없더구나. 무슨 이유가 있니?"

"앞으로 열심히 할게요."

갈루아는 작은 목소리로 대답했습니다.

"에바리스트, 수학에 흥미를 가지고 있는 것은 좋아. 하지만 네가 더 열심히 공부해야 할 것은 숫자가 아니라 문자란다."

아버지는 갈루아의 눈을 바라보며 말했습니다.

"에바리스트, 열심히 공부해라. 너는 외할아버지처럼 훌륭한 판사도 될 수 있을 거야."

"싫어요. 저는 수학자가 될 거예요."

"수학자?"

아버지가 놀란 얼굴로 갈루아를 보았습니다.

"나는 앞으로 네가 학교를 맡아 주었으면 했는데. 할아버지가 아빠에게 물려준 학교라는 걸 너도 알잖니? 나도 너에게 물려주고 싶단다."

갈루아는 진지한 표정으로 생각을 했습니다. 그리고 또박또박 말했습니다.

"아버지, 저는 수학자가 되고 싶어요."

리샤르 선생님을 만나다

갈루아는 에꼴 폴리테크니크 입학시험 준비를 서둘렀습니다. 에꼴 폴리테크니크는 수학 실력이 뛰어난 학생들이 많은 것으로 유명한 학교였습니다.

"에바리스트, 너무 서두르지 말고 루이 리샤르 선생님에게 일 년쯤 수학을 더 배우는 게 어떻겠니? 리샤르 선생님은 무척 훌륭하신 분이란다. 이왕이면 제대로 준비를 해서 높은 점수를 받고 합격하는 편이 좋지 않을까? 이대로는 떨어질지도 몰라."

 베르니에 선생님이 걱정스럽게 말했습니다. 에꼴 폴리테크니크에 들어가는 것은 무척 어려운 일이기 때문이었습니다.

 갈루아는 떨어질지도 모른다는 말에 마음이 상했습니다.

 '두고 봐. 다른 아이들보다 일 년 먼저 에꼴 폴리테크니크에 입학하고 말 거야.'

 갈루아는 하루라도 빨리 실력을 인정받고 싶었습니다.

 드디어 입학시험 날이 되었습니다. 갈루아는 떨리는 마음으로 에꼴 폴리테크니크 시험장에 들어섰습니다.

 시험관이 학생들에게 질문을 했습니다.

 "이 부분을 읽고 어떤 생각이 드는지 말해 볼까?"

갈루아는 책을 달달 외워서 대답하는 다른 학생들을 보고 크게 실망했습니다.

아무것도 하지 않는 갈루아에게 시험관이 물었습니다.

"너는 왜 읽지 않지?"

"읽고 싶지 않아요."

갈루아가 시험관에게 대꾸했습니다.

"왜 읽고 싶지 않은 게냐?"

"저는 수학만 공부하고 싶은데요."

"수학만?"

시험관이 비꼬는 투로 갈루아가 한 말을 따라 했습니다.

결국 시험관은 실력을 발휘할 기회조차 주지 않

고 갈루아를 떨어뜨렸습니다.

 방학이 끝나고, 갈루아는 리샤르 선생님의 *고등 수학 수업을 듣게 되었습니다. 리샤르 선생님은 첫 시간에 아이들에게 말했습니다.

 "내가 수학을 가르치는 이유는 하나뿐이란다. 나는 수학에 재능이 없거든. 그래서 수학자를 길러 내기로 결심했지."

 갈루아는 리샤르 선생님이 진실하고 솔직하다고 생각했습니다. 리샤르 선생님이 갈루아에게 물었습니다.

 "에바리스트, 이 수업을 듣기로 결심한 이유는 뭐지?"

 "*5차 방정식을 풀기 위해서요."

 갈루아가 진지하게 대답했습니다.

 "오호! 5차 방정식을 풀겠다고? 여러분, 수학을 왜 공부하는지 이제 알겠나? 에바리스트가 멋지

***고등** 등급이나 수준이 높음.
***5차 방정식** 변수 x의 가장 높은 항이 5차인 방정식.

게 대답해 주었어."

수업을 마치고 리샤르 선생님이 갈루아를 따로 불렀습니다.

"그래, 5차 방정식은 얼마나 공부했니?"

갈루아는 여섯 달 전부터 5차 방정식에 매달렸다고 대답했습니다.

"그런데 에바리스트, 만약 5차 방정식이 영원히 풀리지 않는다면 어쩌지?"

리샤르 선생님이 물었습니다.

"네? 그럴 리가 없어요."

갈루아는 못 푸는 문제라는 말에 대뜸 주머니에서 종이를 꺼냈습니다.

"이게 바로 그 *해법이에요."

리샤르 선생님은 종이를 받아 들었습니다. 고개를 끄덕이기도 하고, 미간을 찌푸리기도 하면서 갈루아가 쓴 해법을 보았습니다. 갈루아는 비밀을 들

***해법** 문제를 푸는 방법.

킨 사람처럼 부끄러웠습니다.

'아차, 뒷장에 실수한 걸 깜빡했어.'

리샤르 선생님이 실수한 부분이 있는 뒷장으로 종이를 넘겼습니다.

'괜히 보여 준 게 아닐까?'

리샤르 선생님의 표정이 점점 풀어지더니 입가에

미소가 번졌습니다.

'내 실수를 비웃는 거야.'

갈루아는 해법을 보여 준 것을 후회하고 또 후회했습니다. 어쩐지 리샤르 선생님의 미소가 비웃음으로 느껴졌습니다. 얼굴이 확 달아오른 갈루아는 종이를 낚아채 달려 나갔습니다.

"에바리스트!"

리샤르 선생님이 큰 소리로 불렀지만 갈루아는 돌아보지 않았습니다.

리샤르 선생님은 오후에 갈루아를 다시 불렀습니다. 갈루아가 머뭇거리며 문을 두드리자, 리샤르

선생님이 밝은 목소리로 반겨 주었습니다.

"잘 왔다. 에바리스트. 그런데 아까는 왜 달아난 거지?"

리샤르 선생님이 물었습니다.

"제가 실수한 걸 비웃었잖아요."

갈루아는 풀 죽은 목소리로 대답했습니다.

"그래서 웃은 게 아니야. 나는 그 해법을 보고 깜짝 놀랐는걸."

리샤르 선생님은 갈루아를 보며 껄껄 웃었습니다.

"나는 네가 5차 방정식에 도전했다는 것도 놀랍지만, 네 스스로 실수를 알아차렸다는 게 더 놀랍구나."

리샤르 선생님은 잠시 말을 멈추었다가 생각난 듯이 물었습니다.

"아벨이라는 수학자에 대해서 들어 보았니? 이제 스물여섯 살밖에 안 된 노르웨이 수학자란다."

"아니요. 못 들어 봤어요."

"아벨도 열여섯 살 때 자신이 수학에 재능이 있다는 걸 알았단다."

갈루아는 자신과 비슷한 나이에 재능을 깨달은 젊은 수학자가 무척 궁금해졌습니다.

"아벨이 수학에 재능이 있다는 사실을 처음 알아차린 것은 담임 선생님인 홀름뵈였어. 그 선생님이 아벨에게 수학 공부를 시켰지. 나도 이다음에 에바리스트의 재능을 알아차린 선생님이 되겠는걸. 하하!"

리샤르 선생님이 큰 소리로 웃었습니다.

"아벨이 5차 방정식에 달려든 때도 너와 비슷한 나이였어. 아벨도 무척 똑똑한 청년이었거든. 결국, *근으로는 5차 방정식을 풀 수 없다는 걸 아벨이 증명해 냈지."

"그럴 리가 없어요. 세상에 풀 수 없는 문제는 없

---

*근 방정식을 참이 되게 하는 x의 값.

어요!"

갈루아는 당황했습니다. 리샤르 선생님이 서랍에서 종이 몇 장을 꺼냈습니다.

"이게 바로 아벨의 증명이란다. 한번 읽어 보렴."

갈루아는 아벨이 자기처럼 5차 방정식에 매달렸다는 사실이 그저 놀라웠습니다. 아벨의 멋진 증명은 질투가 날 정도였습니다. 제멋대로 휘갈겨 쓴 글씨는 하나도 찾아볼 수 없었습니다. 갈루아는 꼼꼼하지 못한 자신을 반성했습니다.

'나는 아벨과 전혀 다른 방법으로 풀고 말 거야.'

갈루아는 아벨의 증명보다도 더 뛰어난 방법으로 5차 방정식을 풀겠다고 굳게 다짐했습니다.

며칠이 지났습니다.

"축하한다. 에바리스트!"

리샤르 선생님이 갈루아에게 *학술지 한 권을 내밀었습니다.

---

* **학술지** 학문과 기술에 관한 전문적인 글을 싣는 잡지.

"어서 펼쳐 보렴."

루이르그랑 학교 재학생. 에바리스트 갈루아 지음.

갈루아가 쓴 논문이 학술지에 실린 것이었습니다. 갈루아는 가슴이 뛰었습니다.
"너는 정말 대단한 재능을 가졌어. 하지만 재능만 믿어서는 안 돼. 성실하게 노력하는 사람만이 진짜 수학자가 될 수 있단다. 아벨처럼 운이 없을 수도 있지만……."
리샤르 선생님이 말끝을 흐렸습니다.
"그게 무슨 말씀이에요?"
"아벨이 *코시 교수에게 논문을 맡긴 지 벌써 이 년이 지났는데도 아무 소식이 없대. 아예 논문을 잃어버렸다는 소문도 돌고."
리샤르 선생님은 고개를 숙이고 안타까운 표정을

***코시** 에꼴 폴리테크니크를 수석으로 졸업한 프랑스의 유명한 수학자.

지었습니다.

 갈루아는 성실하게 노력해야만 진짜 수학자가 될 수 있다는 리샤르 선생님의 충고를 떠올렸습니다. 이제부터 에꼴 폴리테크니크에 들어갈 준비를 서둘러야 했습니다. 하지만 갈루아는 욕심을 부렸습니다. 에꼴 폴리테크니크에 입학하는 것과 논문을 인정받는 것, 둘 다 놓치고 싶지 않았습니다. 그래서 논문을 쓰면서 시험공부를 했습니다.

 에꼴 폴리테크니크 시험이 삼 주 남았을 때, 리샤르 선생님이 걱정되는 듯 물었습니다.

 "입학시험 준비는 잘 되어 가고 있니? 차근차근 해라. 지금 가장 중요한 건 에꼴 폴리테크니크에 들어가는 거야. 논문은 그다음에 발표해도 늦지 않아."

 하지만 갈루아는 벌써 코시 교수에게 논문을 보낸 뒤였습니다. 갈루아는 프랑스 최고의 수학자인 코시 교수에게 논문을 보냈다는 것만으로도 으쓱했습니다.

리샤르 선생님이 한숨을 쉬며 말했습니다.

"에바리스트, 아벨이 두 달 전에 폐병으로 죽었단다. 이제 겨우 스물여섯 살인데 말이야."

갈루아는 눈을 동그랗게 뜬 채 할 말을 잃었습니다. 자신과 같은 문제를 풀기 위해 애썼던 아벨을 생각하니 너무나 마음이 아팠습니다.

시련이 시작되다

어느 날 학교로 편지 한 통이 날아왔습니다. 편지에는 어서 빨리 집으로 돌아오라는 말만 적혀 있었습니다. 갈루아는 어쩐지 나쁜 일이 일어난 것 같은 느낌이 들었습니다.

서둘러 집으로 돌아간 갈루아를 슬픔에 잠긴 가족들이 맞았습니다.

"에바리스트, 아버지가 돌아가셨단다."

"말도 안 돼요!"

갈루아는 울음을 터뜨렸습니다.

"이제 그만 집으로 돌아오렴. 아버지는 네게 학교를 물려주려고 하셨어."

어머니가 울면서 말했습니다. 하지만 갈루아는 수학자가 되는 것을 포기하고 싶지 않았습니다.

"저는 계속 공부를 해서 꼭 수학자가 될 거예요."

"제발 그만 해. 이제부터 네가 아버지 대신 돈을 벌어야 한다는 걸 모르겠니?"

어머니는 갈루아를 설득했습니다. 하지만 갈루아는 마음을 바꾸지 않았습니다.

갈루아는 아버지의 장례식이 끝나자마자 학교로 돌아왔습니다.

'아버지도 내가 공부를 계속하기를 바라고 계실 거야. 나는 반드시 수학자가 되고야 말겠어. 그게 내가 우리 가족을 위해서 할 수 있는 일이야.'

갈루아는 열심히 에꼴 폴리테크니크 입학시험을

준비했습니다. 그리고 코시 교수에게 보낸 논문이 언제쯤 발표될지 기다렸습니다. 하지만 여러 날이 지나도 아무 연락이 없었습니다.

드디어 에꼴 폴리테크니크 입학시험 날이 되었습니다. 갈루아는 몹시 떨렸습니다. 이번에 또 떨어지면 영원히 에꼴 폴리테크니크에 들어갈 수 없기 때문이었습니다.

"에바리스트 갈루아, 가만있지 말고 어서 해법을 설명해."

시험관이 재촉했습니다. 그러나 갈루아는 자꾸 아버지의 장례식이 떠올랐습니다. 갈루아 옆에서는 아이들이 성경 공부 책을 달달 외워서 대답하고 있었습니다. 지난번 시험과 똑같은 모습이었습니다. 갈루아는 갑자기 화가 났습니다. 갈루아는 칠판지우개를 꽉 움켜쥐었습니다.

'이런 학교에는 들어가고 싶지 않아!'

갈루아는 책상에 칠판지우개를 힘껏 집어 던졌습니다. 시험을 보고 있던 학생들이 깜짝 놀라 갈루아를 쳐다보았습니다.

갈루아는 뒤도 돌아보지 않고 걸어 나왔습니다.

결국 갈루아는 에꼴 폴리테크니크 입학시험에서 떨어졌습니다. 갈루아는 수학에 재능이 있었지만 그것만으로 시험을 통과할 수는 없었습니다. 틀에 박힌 시험 문제와 고집스러운 시험관들은 갈루아

와 맞지 않는 것 같았습니다.

"멍청한 짓을 했구나. 에바리스트."

리샤르 선생님은 갈루아를 나무랐습니다.

"그런 학교는 저도 싫어요!"

갈루아는 화난 목소리로 대답했습니다.

"알았다. 에바리스트. 더 이상 말하지 않으마. 하지만 다른 학교라도 들어가야 한다. 사범학교는 어떻겠니? 네가 열심히만 하면 에꼴 폴리테크니

크의 교수도 될 수 있단다."

"에꼴 폴리테크니크가 아니라면 의미가 없어요. 차라리 *혁명을 위해서 뛰는 편이 나아요. 지금처럼 *왕당파가 휘두르는 세상에서 훌륭한 수학자가 나올 수는 없어요."

리샤르 선생님은 안타까운 목소리로 말했습니다.

"에바리스트! 성실하게 노력하는 사람만이 훌륭한 수학자가 될 수 있어. 사범학교에서 계속 수학 공부를 하렴."

갈루아는 고민에 빠졌습니다. 혁명을 하겠다고 말하기는 했지만 수학을 포기하고 싶지는 않았습니다. 결국 갈루아는 리샤르 선생님의 말을 듣기로 했습니다.

갈루아가 사범학교에 들어간 지 두 달이 지났습니다. 갈루아는 두 달이 일 년처럼 길게 느껴졌습니다. 선생님들은 날마다 잔소리만 했고, 친구들은

***혁명** 국가나 사회의 조직이나 형태 따위를 급격하게 바꾸는 일.
***왕당파** 왕이 가진 힘을 따르고, 지키려는 사람들의 무리.

서로를 감시했습니다. 갈루아는 학교 생활이 끔찍하게 싫었습니다.

"어이, 계집애!"

학교에서 왕당파 학생들을 이끄는 코르보가 갈루아에게 시비를 걸었습니다.

"뭐라고? 왕당파에게 알랑방귀나 뀌는 것들이!"

갈루아가 화가 나서 대꾸하자 친구들이 말렸습니다. 하지만 코르보는 계속 빈정거렸습니다.

"이 멍청한 공부 벌레야, 까불지 말고 조용히 있는 게 좋을 텐데."

코르보가 비웃으며 말했습니다.

"너나 조심해!"

갈루아가 붙잡힌 팔을 뿌리치며 소리쳤습니다.

"어이구, 무서워라."

코르보가 갈루아를 약 올렸습니다. 그러고는 패거리들과 함께 손가락질을 했습니다. 갈루아는 참지 못하고 코르보에게 달려들었습니다. 기다렸다는 듯이 코르보가 주먹을 날렸습니다. 갈루아는 힘으로 코르보를 이길 수 없었습니다. 코르보에게 맞아서 얼굴이 퉁퉁 붓고 말았습니다.

"코르보에게 당한 거야?"

누군가 말을 걸었습니다. 검은 곱슬머리에 얼굴이 통통한 학생이었습니다. 얼굴에는 여드름이 잔뜩 나 있었습니다.

"안녕! 나는 오귀스트 슈발리에야. 우리 친하게 지내지 않을래?"

슈발리에가 갈루아 옆에 앉으며 말했습니다.

"내가 너를 얼마나 부러워하는지 알아? 창피하지만 나도 수학자가 꿈이거든."

슈발리에는 수학을 잘하지 못했습니다. 겨우 낙제를 면하면서도 수학에 흠뻑 빠졌다며 명랑하게 말했습니다.

"너 지난번 수학 시간에 진짜 멋있더라. 눈 깜짝할 사이에 문제를 풀어서 선생님을 놀라게 하다니."

"그냥 그 자리에서 생각나는 대로 푼 것뿐이야."
"우아! 굉장해. 그 머리라면 정말 위대한 수학자가 될 수 있겠다."
"아니, 지금은 혁명이 먼저야."
"*공화주의 말이야? 혁명을 위해서 재능을 썩히겠다고?"
슈발리에가 눈을 동그랗게 떴습니다.
"어차피 내 재능을 알아주는 사람도 없는걸."
"에바리스트, 그래도 수학을 포기하지는 마."
갈루아는 슈발리에가 마음에 쏙 들었습니다. 드디어 진짜 친구를 만난 것 같았습니다.
며칠 뒤에 슈발리에가 갈루아를 찾아왔습니다.
"에바리스트, 이것 좀 봐. 네 논문이 학술지에 실렸어!"
슈발리에가 학술지에 실린 갈루아의 논문을 가리키며 말했습니다. 하지만 갈루아는 별로 기쁘지 않

***공화주의** 국민이 나라의 주인임을 내세우는 정치사상.

앉습니다. 수학만 생각하기에는 세상이 너무 어지러웠습니다. 무쇠 공장과 탄약 공장에서는 하루 종일 연기가 피어올랐습니다. 거리에는 화약 냄새가 가득하고, 혁명 분위기가 사방에 깔려 있었습니다.

혁명의 바람은 학교에도 불어 닥쳤습니다.

갈루아는 공화주의를 위해 싸우자고 친구들을 설득했습니다.

"혁명이 우리를 필요로 하고 있어. 우리 학교 교장 선생님은 왕당파야. 혁명을 위해서는 학교 밖으로 나가야 해. 겁먹지 말고 용기를 내자!"

슈발리에는 갈루아가 걱정이 되었습니다.

"에바리스트, 너는 혁명보다 수학을 공부해야 돼."

"나도 5차 방정식을 푸는 일이 어떤 투쟁보다 값지다고 생각한 적이 있었어. 하지만 지금은 혁명이 먼저야."

슈발리에의 충고도 갈루아의 귀에는 들어오지 않았습니다. 갈루아는 수학을 까맣게 잊은 것만 같았습니다.

"네 재능이 너무 아까워서 그래."

"재능? *아카데미에 있는 교수들도 그렇게 생각할까? 지난번에 낸 내 논문은 지금까지 아무 소식이 없어."

갈루아는 화난 표정으로 중얼거렸습니다.

"너무 실망하지 마."

슈발리에가 위로했지만 소용없었습니다.

---

*아카데미 학문과 예술에 관하여 지도적이며 권위 있는 단체.

국민 포병이 되다

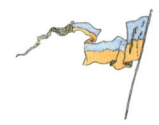

칠월 어느 날 아침이었습니다. 누군가 큰 소리로 외쳤습니다.

"*칙명이다!"

"*샤를 십세가 긴급 칙명을 발표했어."

학생들은 복도 벽에 붙은 신문 앞으로 몰려들었습니다. 누구랄 것도 없이 소리 내어 신문을 읽었습니다.

"새로 구성된 국회를 해산한다. 선거권을 제한한

---
* **칙명** 왕 또는 임금의 명령.
* **샤를 십세** 절대 왕정을 부활시키려다 칠월 혁명으로 폐위된 프랑스 왕.

다. 언론 규제를 더욱 강화한다."

그때, 갈루아가 소리쳤습니다.

"이제 혁명밖에 없어. 당장 학생 조직을 만들어서 힘을 합치자!"

하지만 아무도 나서지 않았습니다. 모두 갈루아를 이상하다는 듯이 쳐다보았습니다.

"이 겁쟁이들아, 차라리 교장 선생님이 무섭다고 말해! 그래서 꼼짝도 못 하겠다고 말이야."

갈루아가 쏘아붙였습니다. 그러고는 신문을 낚아채 밖으로 뛰어나갔습니다.

교장 선생님은 학생들을 한자리에 모이게 했습니다. 다른 선생님들도 교장 선생님과 함께 자리했습니다. 교장 선생님이 천천히 연단 위에 올라섰습니다.

"칙명은 여러분과 아무런 관계가 없습니다. 옳고 그른 것은 어른들이 결정할 문제예요. 만약 착한 학생들을 끌어들여 수업을 방해한다면 강한 처벌을 내릴 것입니다. 당분간 여러분을 보호하기 위해서 교문을 잠그겠습니다."

여기저기서 학생들이 수군거렸습니다.

"여기는 감옥이 아니라 학교예요!"

갑자기 갈루아가 큰 소리로 외쳤습니다. 깜짝 놀란 선생님들이 갈루아와 교장 선생님을 번갈아 보았습니다.

"나는 너희들을 보호하려는 것이다."

교장 선생님은 무서운 목소리로 말했습니다.

"에바리스트, 너무 나서지 마."

슈발리에가 나지막이 속삭였습니다. 왕당파를 지지하는 학생들이 갈루아를 비웃었습니다. 감정이 북받쳐 오른 갈루아가 연단 위로 뛰어올랐습니다.

"말은 필요 없어. 행동으로 옮겨야 해!"

갈루아가 팔을 머리 위로 들어 올렸습니다.

"또 저 애야? 저 애 말이라면 이제 지긋지긋해!"
뒤에서 한 아이가 소리쳤습니다.
화가 난 갈루아가 그 아이에게 달려들어 한바탕 소동이 일어났습니다.

"에바리스트, 제발 바깥에서 벌어지는 일을 무시할 수 없니?"

슈발리에가 갈루아를 말리며 말했습니다.

"나는 한가하게 앉아서 수학 책이나 들여다보고 싶지 않아. 학교 밖에서는 지금 혁명이 시작되었다고!"

갈루아는 슈발리에의 손을 뿌리쳤습니다.

다음 날 새벽이었습니다. 갈루아는 잠결에 총소리를 들었습니다. 그 총소리에 잠이 깬 갈루아는 자리에서 벌떡 일어났습니다. 창밖은 연기가 자욱했고 말발굽 소리로 소란스러웠습니다.

"혁명이다!"

갈루아가 소리쳤습니다. 때마침 운동장에 모두 모이라는 사감 선생님의 고함 소리가 들렸습니다. 갈루아는 창턱에 올라섰습니다. 아래를 내려다보니 아찔했습니다.

"에바리스트, 내려오지 못해!"

사감 선생님이 입을 크게 벌리고 소리쳤습니다.

하지만 갈루아는 들은 척도 하지 않았습니다. 그리고 운동장에 모인 학생들을 향해 외쳤습니다.

"겁쟁이들아, 혁명이 일어났어! 힘을 합쳐서 교문을 열어야 해."

"그렇게 혁명이 하고 싶으면 너 혼자서 해!"

어제 갈루아와 싸웠던 아이가 또 시비를 걸었습니다.

"뭐라고?"

"너야말로 겁쟁이 아니야? 창턱에서 뛰어내리지도 못할 거잖아. 멍청이."

그 말을 들은 갈루아는 오른발을 앞으로 뻗었습니다. 그리고 눈을 질끈 감고 외쳤습니다.

"공화국 만세!"

갈루아의 몸이 크게 휘청거렸습니다.

그 순간, 사감 선생님과 아이들이 달려들어 갈루아를 붙잡았습니다.

날이 밝자, 교장 선생님은 다시 학생들을 한자리에 모이게 했습니다.

"나 역시 자유를 사랑합니다. 하지만 여러분을 무조건 자유롭게 하는 것이 옳은 일은 아니에요. 지금 이 자리에서 수업을 방해하는 행동을 하지

않겠다는 선서를 받겠습니다."

갈루아는 마지못해 선서를 했습니다.

그로부터 며칠이 지났습니다. 갈루아는 우울한 기분으로 거리를 걷고 있었습니다. 저 멀리 사람들이 모여 있는 것이 보였습니다. 누군가 거리에서 연설을 하고 있었습니다.

"프랑스여, 영원하라! 공화국이여, 영원하라!"

힘찬 걸음으로 단상에 올라간 젊은이는 단번에 사람들의 눈길을 사로잡았습니다. 스물다섯 살쯤으로 보이는 키가 크고 깡마른 사람이었습니다. 그는 자신을 데르뱅빌이라고 소개했습니다. 갈루아는 데르뱅빌의 당당하고 유창한 말솜씨에 흠뻑 빠졌습니다.

'드디어 나와 마음이 맞는 동지를 만났어.'

갈루아는 데르뱅빌과 손잡고 혁명에 몸과 마음을 다하겠다고 마음먹었습니다.

십이월 어느 날 아침, 갈루아는 일찌감치 도서관에 갔습니다. 도서관에는 교장 선생님이 쓴 글이 실린 잡지가 있었습니다. 교장 선생님이 학생들과 함께 혁명을 도왔다는 내용이었습니다. *칠월 혁명이 성공하자, 겁이 난 교장 선생님이 거짓말을 한 것이었습니다.

"이런 거짓말쟁이!"

갈루아는 손을 부들부들 떨었습니다. 갈루아는 교장 선생님이 거짓말한 것을 알리는 글을 썼습니다. 갈루아가 쓴 글은 〈학교 신문〉에 실렸습니다. 이 사실을 안 교장 선생님은 갈루아를 학교에서 쫓아냈습니다.

퇴학을 당한 갈루아는 오히려 홀가분한 기분이 들었습니다.

"차라리 잘됐어. 이제 혁명에 내 모든 것을 바칠 거야."

***칠월 혁명** 1830년 칠월에 프랑스 파리에서 일어난 혁명.

갈루아는 망설이지 않고 데르뱅빌이 지휘하는 국민 포병대에 들어갔습니다.

"내 지시를 기다려라. 우리에게는 지난 칠월 혁명보다 더 큰 혁명이 기다리고 있다."

데르뱅빌이 말했습니다. 당당한 말투에서 자신감이 묻어났습니다. 갈루아는 날이 갈수록 데르뱅빌을 존경하게 되었습니다.

"우리는 군중들이 스스로 일어나게 해야 한다. 군중들은 우리 편이다."

데르뱅빌이 포병 대원들에게 말했습니다. 갈루아는 언제라도 데르뱅빌이 명령만 내리기를 기다렸습니다.

"왕이 바뀌었는데 아무것도 달라지지 않았어."

"샤를 정부에 대한 재판이 곧 있을 거래."

"그러면 뭐 해. *루이 필리프도 그들 편인데."

"걱정 마. 루이 필리프가 끝날 날도 머지않았어."

＊**루이 필리프** 칠월 혁명으로 왕위에 오른 프랑스 왕.

누군가 확신에 찬 목소리로 말했습니다.

포병 대원 가운데 한 명인 뒤샤틀레였습니다. 뒤샤틀레는 혁명을 위해 학교를 쉬고 포병대에 들어왔다고 했습니다.

"우리가 힘을 합쳐서 반드시 공화국을 세우자."

갈루아가 덧붙여 말했습니다.

하지만 혁명은 쉬운 일이 아니었습니다. 사람들은 데르뱅빌이 지휘하는 포병대에 관심이 없었습니다. 새로운 왕 루이 필리프를 응원하는 목소리가 높아졌습니다. 제대로 싸워 보지도 못한 채 포병대는 해산하고 말았습니다.

첫 수학 강의

"이제 어떻게 할 거야?"
슈발리에가 갈루아에게 물었습니다.
"루이 필리프를 반드시 무너뜨리고 말 거야."
갈루아가 심각한 얼굴로 대답했습니다. 모든 게 실패로 돌아가고 국민 포병대도 흩어졌습니다. 게다가 포병대는 정부가 불법 단체로 정해서 다시는 군복을 입을 수 없게 되었습니다.
"에바리스트. 너는 이제 학생도, 포병도 아니야."

슈발리에의 말에 갈루아가 얼굴을 찡그렸습니다.

"아니야, 혁명은 아직 끝나지 않았어."

"그러지 말고 내 말 좀 들어. 내가 도와줄게. 수학 강의를 해 보는 게 어때?"

"어떻게?"

"내가 우리 형한테 부탁을 해 두었어. 너는 강의 준비나 해."

갈루아와 슈발리에는 작은 책방에 들어섰습니다. 뚱뚱한 아주머니가 낑낑거리며 책을 한 아름 안고 나왔습니다.

"어서 오세요."

커다란 목소리로 아주머니가 쾌활하게 인사를 했습니다.

"아주머니. 지난주에 미셸 슈발리에라는 사람이 이야기했을 텐데요."

슈발리에가 조심스럽게 말을 꺼냈습니다. 아주머

니가 갈루아와 슈발리에를 훑어보았습니다.

"아, 수학 강의 때문이지요?"

아주머니는 반기는 투로 말했습니다. 그러나 엄한 목소리로 덧붙였습니다.

"수학 강의만 하세요. 정치니 혁명이니 이런 건 절대로 안 돼요. 알았어요?"

아주머니는 몇 번씩 다짐을 받았습니다. 갈루아와 슈발리에는 아주머니를 따라 책방 안으로 들어갔습니다. 사방에 책 더미가 쌓여 있는 작은 방에 칠판 하나가 놓여 있었습니다.

갈루아가 수학 강의를 한다는 소문이 퍼지자 사람들이 몰려들기 시작했습니다. 그 가운데는 데르뱅빌과 포병대 동지들도 있었습니다. 갈루아는 무척 반가웠습니다.

갈루아가 칠판 앞에 섰습니다. 그리고 데르뱅빌과 동지들을 향해 고개를 끄덕였습니다. 곧이어 슈발리에가 사람들에게 갈루아를 소개했습니다. 데르뱅빌이 갈루아를 향해 눈을 찡긋했습니다. 갈루아는 자신감이 솟아났습니다.

"앞으로 육 주 동안 제가 연구한 결과들을 가지고 강의를 할 것입니다. 주로 방정식 이론과 적분 함수에 관한 내용입니다."

갈루아가 칠판 앞에 서서 준비해 온 자료를 꺼냈습니다. 그때 쉰 살쯤으로 보이는 말쑥하게 차려입은 신사가 들어왔습니다. 그리고 조용히 뒷자리에 앉았습니다.

"제가 말하고 싶은 것은 '수학적 예언'입니다. 쉽게 말하면 *직관이라고 할 수 있지요."

갈루아가 한참 강의를 하다 고개를 들자, 데르뱅빌이 보였습니다. 데르뱅빌은 다리를 꼬고 앉아서 바지 주름을 펴며 먼지를 탁탁 털었습니다. 어떤 사람은 꾸벅꾸벅 졸고 있었습니다. 강의하는 동안 어떤 학생들은 계속 떠들었습니다. 갈루아는 신경이 쓰였지만 강의에 집중하려고 애썼습니다.

"아벨은 일반 5차 방정식은 근으로 풀 수 없다고 증명했습니다. 저는 아벨의 연구에서 조금 더 나아갔습니다. 아벨과는 달리 저는 제가 만든 '군 이론'에 기초를 두고 있습니다. '군 이론'은 반드

---

*직관 따로 생각을 하지 않고도 대상을 바로 아는 것.

시 우주의 신비를 밝히는 열쇠가 될 것입니다."

두 시간에 걸친 강의가 끝났습니다.

데르뱅빌이 갈루아의 손을 움켜잡으며 축하의 말을 전했습니다.

"수학과 공화국이라, 정말 멋진걸."

강의 내내 팔짱을 끼고 있던 책방 아주머니도 사람들에게 책을 권하며 웃고 있었습니다.

바로 그때, 나이 든 신사가 갈루아에게 손을 내밀었습니다.

"아주 멋진 강의였어요."

"선생님도 수학자이신가요?"

"*스탕달이라고 합니다. 저도 한때는 수학에 관심이 있었지만 지금은 문학을 하고 있지요."

"그럼 소설을 쓰시나요?"

"맞아요. 이번에 제가 쓴 소설의 주인공이 당신을 꼭 닮았어요."

---

*스탕달 《적과 흑》, 《파르므의 수도원》 들을 쓴 프랑스의 유명한 소설가.

"아, 그 소설의 제목이 뭐죠?"

"《적과 흑》입니다."

"죄송합니다. 아직 읽어 보지 못했어요."

스탕달이 호탕하게 웃으며 대답했습니다.

"하하, 괜찮아요. 앞으로 백 년이 넘도록 꾸준히 읽힐 거니까요."

"아니, 그걸 어떻게 아시나요?"

갈루아가 놀란 목소리로 물었습니다.

"직관으로 아는 거죠. 당신이 강의에서 말했잖아요."

스탕달은 자신만만하게 웃었습니다.

갈루아는 첫 번째 강의를 마치고 무척 마음이 설레었습니다. 앞으로 계속 수학을 가르칠 생각을 하니 흥분이 되어 밤새 잠을 이룰 수 없었습니다. 갈루아는 그날 밤, 온 정신을 다해 논문을 한 편 썼습니다.

다음 날 갈루아는 논문을 들고 에꼴 폴리테크니크의 푸아송 교수를 찾아갔습니다. 푸아송 교수는 무척 유명한 수학자였습니다. 푸아송 교수는 고개도 들지 않고 갈루아가 쓴 논문을 읽었습니다. 단숨에 논문을 다 읽은 푸아송 교수는 갈루아의 논문을 아카데미에 제출하겠다고 약속했습니다. 갈루아는 날아갈 듯이 기뻤습니다.

그러나 수학 강의를 할 때마다 사람들이 점점 줄

기 시작했습니다. 결국 마지막 강의를 들으러 온 것은 슈발리에뿐이었습니다. 하지만 갈루아는 푸아송 교수에게 낸 논문을 생각하며 실망하지 않았습니다.

"푸아송 교수님이 내 논문만 아카데미에 넘겨주면 돼."

비록 수학 강의는 실패했지만 갈루아의 마음은 희망으로 부풀었습니다.

어느 날 파리의 공화주의자들이 한자리에 모였습니다. 데르뱅빌이 포도주 잔을 들어 건배를 했습니다. 혁명을 다짐하는 말도 이어졌습니다.

'이런 값비싼 음식과 포도주를 먹으며 공화주의에 대해 이야기 하다니.'

갈루아는 기분이 좋지 않았습니다. 자기 차례가 다가오자 갈루아는 벌떡 일어났습니다.

"자, 건배합시다!"

"건배!"

사람들이 떠들썩하게 포도주 잔을 들어 올렸습니다. 그때 갈루아가 포도주 잔과 함께 칼을 치켜들었습니다. 한 손에 포도주 잔, 한 손에 칼을 든 것은 루이 필리프 왕을 없애자는 뜻이었습니다.

"루이 필리프는 물러가라!"

사람들이 어리둥절해 하며 갈루아를 쳐다보았습니다. 그러나 갈루아는 점점 더 목청을 높여 건배를 외쳤습니다. 흥겨운 분위기는 끝이 나고 소란이 벌어졌습니다. 갈루아를 보고 박수를 치며 좋아하는 사람들도 있었습니다. 그러나 많은 사람들은 험상궂은 표정으로 갈루아를 쏘아보았습니다.

"갈루아, 그만 해. 분위기를 더 망치기 전에 어서 내려오지 못해!"

데르뱅빌이 갈루아를 붙잡았습니다.

'뭐라고? 데르뱅빌이 나한테 이럴 수가.'

갈루아는 데르뱅빌에게 몹시 실망했습니다. 데르뱅빌만은 자기 편을 들어줄 거라 생각했기 때문이었습니다. 갈루아는 술 취한 사람들을 이끌고 거리로 나왔습니다. 그리고 밤새도록 거리를 돌아다니며 목청껏 외쳤습니다.

"루이 필리프는 물러가라!"

결국 갈루아는 이 일로 감옥에 끌려가고 말았습니다.

감옥에서 만난 사람들

"우아! 당신이 그 유명한 '건배 사건'을 일으킨 갈루아란 말이오?"

감옥에서 소문을 들은 사람들은 갈루아를 환영했습니다. 갈루아는 사람들이 보이는 관심이 싫지 않았습니다. 모두 혁명을 하다 붙잡힌 노동자들이었습니다. 갈루아는 사람들과 금방 친해졌습니다.

그런데 감옥에는 어린아이들이 무척 많았습니다. 갈루아는 이상한 생각이 들었습니다.

"감옥에 웬 아이들이 이렇게 많아요?"
옆에 있던 사람이 아무렇지 않게 말했습니다.
"놀라기는. 저 애들은 구걸이나 도둑질을 하고, 가끔은 끔찍한 죄도 짓고 있다오."
"부모님은 뭐 하고요?"
"집도 부모도 없는 고아들이지. 열세 살이 될 때까지 꼼짝없이 여기에 갇혀 있을 거요."
아이들은 어떤 남자 둘레에 모여 앉아 깔깔거리며 이야기를 듣고 있었습니다. 아이들이 흩어질 즈음 갈루아는 그 남자에게 다가갔습니다.
"아이들이 당신이 하는 이야기를 재미있게 듣네요?"
"아이들은 낙원 이야기를 좋아하지."
남자가 무뚝뚝하게 말했습니다.
"낙원이라면 천국 말인가요?"
"아니. 저 아이들을 위한 좋은 세상. 진짜 공화국

을 말하는 것일세."

그 남자는 먼 산을 바라보며 낙원을 상상하는 것 같았습니다. 그러고는 혼자서 빙그레 웃었습니다.

며칠 뒤, 데르뱅빌이 변호사를 불러 주었습니다. 재판은 짧게 끝났습니다. 갈루아는 무죄 판결을 받았지만 별로 기쁘지 않았습니다.

갈루아는 여섯 달 전에 보낸 논문이 어떻게 되었는지 알아보기 위해 아카데미로 향했습니다. 혁명이 일어난 지 꼭 일 년이 되었습니다. 하지만 공화국은 여전히 이루어지지 않았습니다.

"푸아송 교수님이 제 논문을 아카데미에 제출했는지 궁금해서 왔는데요."

갈루아가 아카데미에 들어서며 말했습니다. 책상에서 서류를 뒤적이던 남자가 갈루아를 올려다보았습니다.

"에바리스트 갈루아라고 합니다."

"에바리스트 갈루아?"

남자가 논문 뭉치들을 뒤적였습니다.

"아, 여기 있네요. 푸아송 교수님이 제출하셨어요."

"결과를 알 수 있을까요?"

"누구에게도 결과를 알려 줄 수 없어요."

남자는 건성건성 대답했습니다.

"그래도 한 번만 볼 수 있게 해 주세요."

갈루아는 애타게 부탁했습니다. 하지만 남자는 들은 척도 하지 않았습니다.

갈루아는 남자가 잠깐 다른 곳을 보는 사이 재빨리 보고서를 집어 들었습니다. 그리고 심사 평을 읽어 내려갔습니다.

"설명이 부족하여 무슨 말인지 이해할 수 없음. 더 많은 풀이와 설명이 필요함. 또 일부분은 아벨의 증명과 똑같음."

갈루아는 보고서를 책상 위로 던져 버렸습니다. 그리고 성큼성큼 아카데미를 나왔습니다.

"아벨과 나의 접근 방법이 완전히 다른데도 알아차리지 못하는 바보들!"

갈루아는 이제 더 이상 아카데미에 속지 않겠다고 다짐했습니다.

칠월 혁명을 기념하는 행사가 열리는 날이었습니

다. 갈루아는 포병대 군복을 입으면 안 된다는 것을 알면서도 군복을 입었습니다. 갈루아는 뒤샤틀레와 함께 포병대 동지들을 이끌고 광장으로 갔습니다.
 그런데 그만 퐁뇌프 다리 위에서 경찰과 맞닥뜨렸습니다.
 "에바리스트 갈루아. 너를 체포한다."

경찰들은 갈루아와 동지들을 붙잡았습니다.

"오늘 시위가 있다는 걸 알고 있다. 당신들은 또 무슨 일을 벌일지 모르니 내일까지 잡아 두겠다."

거만한 목소리로 경찰관이 말했습니다. 갈루아와 동지들은 아무 저항도 하지 못하고 감옥으로 끌려갔습니다.

갈루아는 점점 우울해졌습니다. 이제는 더 이상 공화주의에 기대할 마음도 생기지 않았습니다. 더군다나 아카데미에서 받은 상처로 수학자가 되겠다는 꿈과 희망까지 잃었습니다. 갈루아는 무엇을 위해 살아가야 할지 막막했습니다.

갈루아는 잔뜩 찌푸린 얼굴로 감옥 안에서 뜰을 걷고는 했습니다.

"스무 살짜리가 늙은이 같기는!"

사람들은 갈루아를 놀리며 웃음을 터뜨렸습니다.

갈루아는 지난번과는 달리 감옥에 있는 사람들과 어울리기도 싫었습니다. 갈루아는 마음의 문을 꼭 꼭 닫았습니다.

하루만 잡아 두겠다던 경찰의 말은 사실이 아니었습니다. 갈루아는 결국 독방에 갇히게 되었습니다. 갈루아는 몸과 마음이 모두 약해졌습니다.

한편 감옥 안에서는 칠월 혁명 일주년 기념식을 준비하느라 떠들썩했습니다.

"탕탕 탕탕!"

그날 밤, 어디선가 총소리가 들렸습니다. 갈루아는 총을 든 사람이 달아나는 모습을 보았습니다.

"누군가 나를 노리고 총을 쏘았어요. 분명히 나를 죽이려고 한 거예요!"

갈루아는 소리쳤습니다.

겁에 질린 갈루아는 누군가 자신을 죽이려고 한다고 생각했습니다. 갈루아는 점점 신경질적으로 변해 갔습니다.

"누군가 나를 노리고 있어요!"

"조용히 하지 못해!"

간수들은 갈루아의 말을 들은 척도 안 했습니다. 갈루아는 너무나 겁이 났습니다. 몸은 점점 말라 갔고, 눈도 퀭해졌습니다. 그리고 정신마저도 희미해져 갔습니다.

갈루아는 여섯 달 동안 감옥에 있어야 한다는 판

결을 받았습니다. 뒤샤틀레보다도 석 달이나 길었습니다. 하지만 갈루아는 더 이상 항의할 힘조차 없었습니다.

며칠 뒤, 슈발리에가 찾아왔습니다.

"갈루아. 너는 점점 자신을 망가뜨리고 있어. 데르뱅빌이 네 재능에 얼마나 관심이 있을 것 같아? 너를 조직에 이용할 뿐이야. 제발 수학 공부를 해. 내가 도와줄게."

갈루아는 아무런 대꾸도 하지 않았습니다. 가끔 고개를 들어 멍한 눈으로 천장을 올려다볼 뿐이었습니다. 아무 희망도 없는 눈빛에 슈발리에는 너무나 마음이 아팠습니다.

오랜만에 갈루아가 뜰에 나왔습니다. 낙원 이야기를 하던 남자가 너덜너덜한 담요를 뒤집어쓰고, 의자에 앉아 있었습니다. 남자는 침울한 표정으로 중얼거렸습니다.

"우리는 저주를 받았어. 어린 천사들이 천국을 볼 수 없게 되었어."

그 말을 들은 갈루아는 깜짝 놀랐습니다.

"왜 그러세요? 당신은 낙원을 믿었잖아요."

"죽음이 다가오고 있어."

"죽음이라니요?"

갈루아가 불안한 목소리로 물었습니다.

"콜레라가 번지고 있어. 모든 사람들이 병에 걸려 고통받을 거야."

멀쩡했던 사람이 하루 만에 뼈만 남고 만다는, 무서운 콜레라 이야기였습니다. 그 남자는 갈루아의 푹 꺼진 눈을 보더니 겁에 질려 달아났습니다.

콜레라에 대한 두려움은 갈루아를 한없이 약하게 만들었습니다. 갈루아는 꼼짝도 하지 않고, 침대에만 누워 있었습니다. 밥도 제대로 먹을 수가 없었습니다.

얼마 뒤 포병대 동지가 갈루아를 찾아왔습니다. 포병대 동지는 갈루아의 어깨를 흔들며 들뜬 목소리로 말했습니다.

"갈루아, 내 말 들려? 내일이면 자네는 여기서 나갈 수 있어. 데르뱅빌이 요양소를 마련해 두었으니 기운 내."

하지만 갈루아는 아무 말도 하지 않았습니다.

스테파니의 미소

"스테파니라고 해. 자네를 치료해 줄 의사 선생님의 딸이야."

데르뱅빌이 갈루아에게 한 아가씨를 소개했습니다. 데르뱅빌 옆에는 포병대 동지인 뒤샤틀레도 함께 있었습니다. 데르뱅빌은 갈루아를 삼층에 있는 작은 방으로 데려갔습니다.

"갈루아, 우선 몸부터 추스려. 의사 선생님이 잘 돌봐 주실 거야."

데르뱅빌은 자주 오겠다는 약속을 하고 뒤샤틀레와 함께 돌아갔습니다.

오랜만에 혼자 있게 된 갈루아는 정원을 보기 위해 창문을 열었습니다. 사월 햇살은 무척 평화로웠습니다.

요양소에서 지내면서 갈루아는 다시 생기를 찾았습니다. 가끔 열이 나기도 했지만 의사 선생님은 몸이 나아지는 과정이라고 말했습니다. 기분이 한결 좋아진 갈루아는 마당으로 나갔습니다.

"어머나! 갈루아 씨죠? 많이 좋아지셨네요."

고개를 푹 숙이고 걷던 갈루아는 여자 목소리에 깜짝 놀랐습니다. 데르뱅빌이 소개해 준 스테파니였습니다. 갈루아는 스테파니와 눈이 마주쳤지만 부끄러워 다시 고개를 숙였습니다. 태어나서 처음으로 심장이 두근거렸습니다.

"조심하세요. 아직도 전염병이 돌고 있어요."

"네. 고마워요."

갈루아는 용기를 내어 말했습니다. 스테파니의 미소와 부드러운 목소리는 갈루아를 사로잡았습니다. 갈루아는 자신을 걱정해 주는 스테파니가 더없이 고마웠습니다.

"갈루아 씨, 저희 집에 들러 코코아라도 한 잔 드실래요?"

갈루아는 스테파니를 따라 집 안으로 들어갔습니다. 가슴이 쉴 새 없이 뛰었습니다.

스테파니는 코코아를 건네며 자신이 피아노를 공부하고 있다고 말했습니다.

"데르뱅빌에게 이야기 많이 들었어요. 공화국을 위해 수학을 포기한 천재라고."

갈루아의 표정을 살피며 스테파니가 웃었습니다. 갈루아는 단둘이 있으려니 부끄러워 스테파니 얼굴을 쳐다보지 못했습니다. 스테파니는 음악과 수학, 그리고 콜레라 이야기를 했습니다. 스테파니가 무슨 이야기를 해도 갈루아의 귀에는 꾀꼬리의 노랫소리처럼 들렸습니다.

'저 무릎에 머리를 기대고 잠들 수 있다면 얼마나 좋을까?'

갈루아는 스테파니와 다정한 시간을 보내는 모습을 상상했습니다.

오월 어느 날, 건강해진 갈루아는 드디어 집으로 돌아갈 수 있게 되었습니다. 의사 선생님은 축하해 주었지만 갈루아는 기쁘지 않았습니다. 스테파니와 헤어지는 것이 아쉬웠기 때문이었습니다.

"이제 집으로 돌아가실 수 있다면서요?"

스테파니가 웃는 얼굴로 말을 건넸습니다. 스테파니의 손에는 《적과 흑》이 들려 있었습니다.

"네, 그런데 그 책은 재미있나요?"

"정말 재미있어요. 읽어 보실래요? 빌려 드릴게요."

"전에 그 책을 쓴 소설가를 만난 적이 있어요. 제 수학 강의를 들으러 왔었죠."

"정말요? 사랑을 묘사하는 능력이 정말 대단한 사람이에요. 꼭 읽어 보세요."

스테파니가 책을 내밀며 말했습니다. 갈루아는 가슴이 마구 뛰었습니다.

그날부터 갈루아는 《적과 흑》을 읽기 시작했습니다. 그런데 아무리 열심히 노력해도 좀처럼 다음 장으로 넘어가지 않았습니다. 갈루아는 이렇게 긴 소설을 읽는 게 난생 처음이었습니다. 밤새도록 끙끙거리며 책을 읽어야 했습니다. 하지만 스테파니와 소설에 대해 이야기를 나눌 생각에 마음이 들떴습니다.

"지금 사람들은 콜레라로 고통받고 있는데, 이렇게 나 혼자 행복해도 되는 걸까?"

갈루아는 스테파니의 미소가 자꾸만 떠올라 잠을 설쳤습니다.

다음 날 책을 다 읽은 갈루아는 다시 스테파니를 찾았습니다. 스테파니가 분홍색 원피스를 입고 반갑게 맞아 주었습니다.

"어머, 벌써 다 읽었어요?"

"정말 재미있어서 단숨에 읽어 버렸어요."

갈루아가 머리를 긁적이며 말했습니다. 밤새 끙끙 거리며 겨우 읽었다고 솔직하게 말하고 싶지 않았습니다.

스테파니가 책을 가슴에 끌어안으며 쾌활하게 웃었습니다.

'스테파니가 가슴에 안고 있는 저 책이 밤새도록 내 손에 들려 있던 책이라니.'

갈루아는 가슴이 떨렸습니다.

"데르뱅빌은 이런 책을 싫어해요. 마음 맞는 친구를 만나서 기뻐요."

스테파니가 들뜬 목소리로 말했습니다. 갈루아는 스테파니와 데르뱅빌이 어떤 관계인지 궁금했습니다. 하지만 물어보지 않았습니다.

스테파니가 피아노 앞에 앉았습니다.

"갈루아 씨에게 제 마음을 담은 연주를 들려줄게요."

스테파니가 피아노 건반 위에 양손을 얹었습니다. 스테파니의 손가락은 하얗고 가늘었습니다. 나비가 사뿐히 건반 위에 앉은 것 같았습니다. 스테파니가 연주를 시작하자, 아름다운 피아노 소리가 울려 퍼졌습니다.

스테파니가 의자 한쪽을 가리키며 옆에 앉으라고 손짓을 했습니다. 얼떨결에 옆에 앉은 갈루아는 스테파니한테서 나는 향기에 정신을 잃을 것 같았습니다.

'스테파니도 나를 사랑하는 게 분명해.'

갈루아는 조금씩 자신감이 생겼습니다. 언제고 기회가 오면 고백을 하리라 마음먹었습니다. 두 사람은 어깨가 닿을 정도로 가깝게 앉았습니다. 얼마나 가까운지 숨소리까지 들렸습니다. 따뜻한 봄 햇살이 갈루아에게 용기를 주었습니다.

"스테파니!"

갈루아가 스테파니의 손을 덥석 잡았습니다.

"어머나!"

스테파니가 깜짝 놀라 손을 빼내려고 했습니다.

그럴수록 갈루아는 더욱 세게 스테파니의 손을 잡았습니다.

"스테파니, 당신을 사랑해요. 더 이상 제 마음을 속일 수는 없어요. 당신도 나를 사랑하는 것 다 알아요."

"아뇨! 우리는 친구잖아요."

스테파니가 팔을 세차게 잡아 뺐습니다.

"나는 데르뱅빌을 사랑한다고요!"

스테파니는 벌떡 일어나 뛰어갔습니다.

"데르뱅빌을 사랑한다고? 이럴 수가!"

갈루아는 괴로워서 머리를 흔들었습니다.

집으로 돌아온 갈루아는 밤새도록 편지를 썼습니다. 그리고 날이 밝자마자 편지를 전하기 위해 스테파니네 집으로 달려갔습니다.

"이걸 따님에게 전해 주세요. 여기에서 기다리겠어요."

스테파니의 어머니는 편지를 받아 들고 쌀쌀맞게 문을 닫았습니다.

한참이 지나고, 스테파니의 어머니가 답장을 들고 나왔습니다. 스테파니가 쓴 편지에는 다시는 갈루아를 만나고 싶지 않다고 쓰여 있었습니다. 하지만 갈루아는 포기하지 않았습니다. 굳게 닫힌 문 앞에서 계속 기다렸습니다. 그러나 깜깜한 밤이 되어도 스테파니는 나오지 않았습니다.

마지막 유언

아침부터 누군가 갈루아네 집 문을 세차게 두드렸습니다. 갈루아는 잠에서 덜 깬 눈을 비비며 문을 열었습니다. 데르뱅빌이 당당한 자세로 서 있었습니다. 그 뒤에서 뒤샤틀레가 갈루아를 노려보고 있었습니다.

"무슨 일이야?"

두 사람이 성큼성큼 걸어 들어와 의자에 앉았습니다. 데르뱅빌은 깨끗하게 면도를 하고 왔습니다.

햇살을 받아서 턱이 반짝였습니다.

데르뱅빌이 입을 열었습니다.

"스테파니에게 무슨 짓을 한 거지?"

갈루아가 눈을 동그랗게 떴습니다. 데르뱅빌은 한숨을 쉬며 말했습니다.

"갈루아, 자네가 그럴 줄은 상상도 못 했어."

"나는 스테파니를 사랑해."

갈루아는 솔직하게 털어놓았습니다. 아직도 스테파니를 향한 마음이 남아 있기 때문이었습니다.

"자네 지금 한 말이 진심인가?"

데르뱅빌이 물었습니다.

"스테파니도 분명히 나를 사랑한다고."

갈루아가 용기를 내어 말했습니다. 어떻게 그런 용기가 났는지 스스로도 놀랐습니다.

그 말을 들은 뒤샤틀레가 코웃음을 쳤습니다.

"스테파니는 자네가 자꾸 추근댔다고 하던데. 불

쌍해서 몇 번 만나 준 것뿐인데 말이야!"
뒤샤틀레의 말은 갈루아를 절망에 빠뜨렸습니다.
'불쌍해서 만나 주었다니!'
갈루아는 할 말을 잃었습니다.
"남자답게 결투를 벌이자."
데르뱅빌이 말했습니다. 갈루아는 이 결투를 피할 수 없다는 것을 깨달았습니다. 결투를 피하는 것은 남자로서 무척 부끄러운 일이었습니다.

"갈루아, 내일 아침 여섯 시에 우리는 스물다섯 걸음을 사이에 두고 권총 결투를 하는 거다."
데르뱅빌이 손을 내밀었습니다.
데르뱅빌과 갈루아는 결투를 약속하는 악수를 했습니다.

"우리가 내일 결투를 할 것이라는 사실을 아무에게도 말하지 마."

데르뱅빌은 갈루아에게 다짐을 받았습니다.

데르뱅빌과 뒤샤틀레가 돌아갔습니다. 데르뱅빌은 *명사수였습니다. 결투가 어떻게 끝날지는 보지 않아도 알 수 있었습니다.

갈루아는 불안했습니다.

'내일이면 나는 이 세상 사람이 아닐지도 몰라.'

갈루아는 벌떡 일어나 가방에서 수학 논문을 꺼냈습니다. 갈루아는 그제야 자신이 수학을 얼마나 좋아했는지 깨달았습니다. 그동안 갈루아는 혁명에 모든 것을 바치고자 했습니다. 하지만 마음 깊은 곳에서는 늘 최고의 수학자가 되는 것을 꿈꾸었습니다.

"슈발리에. 너만이 내 유일한 친구였어. 네 말을 들었어야 했어!"

---

*명사수 총이나 활을 잘 쏘아 이름난 사람.

갈루아는 슈발리에를 생각하며 눈물을 흘렸습니다. 그리고 자기 자신과도 같은 논문을 탁자 위에 펼쳤습니다. 다시 수학에 대한 희망과 꿈이 부풀어 올랐습니다.

"내 진짜 모습이 여기에 있었어. 이게 바로 나야."

갈루아는 종이를 펼쳤습니다. 그리고 그동안 연구한 내용을 정리하기 시작했습니다. 벽시계 초침 소리가 유난히 크게 들렸습니다. 날이 밝기 전까지 해야 할 일들이 너무 많았습니다. 마음이 불안해서 종이 위에 무얼 쓰고 있는지조차 헷갈렸습니다. 정신을 차리고 보니, 글과 숫자와 온갖 수학 기호들이 뒤섞여 있었습니다.

"내가 수학도 공화주의도 아닌, 여자 때문에 죽어야 하다니!"

갈루아는 괴로웠습니다.

"편지를 써야 해."

갈루아는 하던 일을 잠시 멈추고, 편지를 쓰기 시작했습니다.

공화주의자 친구들에게

나는 두 친구를 화나게 만들었어. 그래서 그들과 결투를 피할 수 없었어. 미처 알리지 못한 걸 용서해 줘. 두 사람과 아무에게도 알리지 않겠다고 약속했기 때문이야. 나는 이제 곧 죽게 될 거야. 부디 나를 잊지 말아 줘. 내 죽음이 혁명을 위한 것이 아니어서 슬프지만 나를 죽인 자들을 용서할 거야. 그들은 한때 내 동지였고, 지금도 그들을 믿으니까.

- 갈루아가

시계가 열두 시를 알리는 종을 울렸습니다. 갈루아는 점점 초조해졌습니다.

나는 무덤으로 간다
모든 것을 감싸 안는 0의 품속으로

갈루아는 무심코 쓴 시를 보고 쓴웃음을 지었습니다. 문득 아버지가 *즉흥시를 잘 지었다는 것이 떠올랐습니다.

"아버지도 이런 기분이었을까?"

갈루아는 돌아가신 아버지를 생각하니 가슴이 아려 왔습니다.

"이제 다시 정리를 시작하자. 수학에 초점을 맞추어야 해."

갈루아는 종이에 '0'이라는 숫자를 썼습니다.

"0으로 나누어 보는 거야. 보통 계산법으로는 절대로 할 수 없는 일이지만 그걸 무너뜨려야 해. 1+1=2가 되듯이 1=2 또는 1=모든 수, 이런 식으로도 생각해 보는 거야."

***즉흥시** 감흥에 사로잡혀 그 자리에서 느낀 대로 지어 읊은 시.

갈루아는 신들린 사람처럼 글을 쓰기 시작했습니다. 그동안 연구한 여러 가지 수학 이론들이 한꺼번에 떠올랐습니다.

"수학으로 죽음을 설명할 수 있다니!"

갈루아는 손이 생각을 따라가지 못하는 게 안타까웠습니다.

시계 종이 한 번, 두 번 울렸습니다. 갈루아는 점점 더 초조해졌습니다.

'이 증명에는 완성해야 할 부분들이 남았는데 시간이 너무 없어.'

논문을 완성하기에는 시간이 턱없이 모자랐습니다. 갈루아는 슈발리에에게 쫓기듯이 편지를 썼습니다.

나는 몇 가지 새로운 것을 발견했어. 이 정리가 옳은지에 대해서, 또 그 중요성에 대해서는 *가우스에게 공개적으로 물어봐 줘. 부탁이야. 안녕.

- 갈루아가

정신없이 글을 쓰는 사이, 날이 훤하게 밝아 왔습니다. 아버지의 죽음, 에꼴 폴리테크니크 시험에서 떨어진 일, 학교를 그만두어야 했던 일들이 스쳐

***가우스** '수학의 왕'이라고 알려진 독일의 수학자.

갔습니다. 마지막 유언을 적고 나니 힘들었던 지난 시간들이 떠올라 눈물이 났습니다.

"슈발리에, 나는 너를 믿어!"

갈루아는 종이 뭉치들을 가슴에 안았습니다.

'오직 베풀기만 하셨던 부모님! 이 못난 자식을 용서해 주세요.'

어머니를 떠올리자 갈루아는 마음이 찢어지는 듯 했습니다.

약속한 시간이 다 되었습니다.

갈루아는 결투 장소로 갔습니다. 데르뱅빌과 뒤샤틀레가 벌써 나와 있었습니다.

"권총 두 자루 가운데 하나는 총알이 없을 거야."

뒤샤틀레가 권총 두 자루를 땅바닥에 내려놓으며 말했습니다.

"누가 먼저 집을래?"

뒤샤틀레가 데르뱅빌과 갈루아를 번갈아 보며 물

었습니다. 데르뱅빌이 갈루아를 향해 먼저 집으라는 신호를 보냈습니다. 데르뱅빌은 자신만만해 보였습니다.

갈루아는 권총을 내려다보았습니다. 한숨도 못 잔 갈루아는 권총이 흐릿하게 보였습니다. 하지만 더 이상 시간을 끌 수는 없었습니다. 갈루아가 권총 하나를 집어 들었습니다.

"뒤샤틀레가 수를 센다. 우리는 서로 반대 방향으로 정확히 스물다섯 걸음을 갈 거야. 그리고 돌아서서 상대를 쏴야 한다."

데르뱅빌이 명령하듯 말했습니다.

"하나, 둘, 셋……, 스물넷, 스물다섯."

뒤샤틀레가 숫자를 다 세자마자 두 사람이 동시에 돌아섰습니다.

"탕!"

총알을 맞은 사람은 갈루아였습니다. 갈루아는

총알이 없는 빈총을 선택했던 것이었습니다. 갈루아는 힘없이 고꾸라졌습니다. 데르뱅빌과 뒤샤틀레는 그대로 돌아가 버렸습니다.

완전히 날이 밝았습니다. 쓰러져 있는 갈루아를 지나가던 사람이 보고 병원으로 옮겼습니다. 소식을 들은 동생은 깜짝 놀라 병원으로 달려왔습니다.

동생은 갈루아를 부둥켜안고 울었습니다.

"형, 이게 도대체 무슨 일이야!"

갈루아는 따뜻한 눈빛으로 동생을 쳐다보았습니다. 그리고 천천히 입을 열었습니다.

"울지 마. 스무 살에 죽으려면 용기가 필요해."

갈루아는 엉엉 우는 동생에게 위로의 말을 남긴 채 세상을 떠났습니다.

1832년 유월, 갈루아의 장례식에는 삼천 명이 넘는 사람들이 모였습니다. 거의 다 공화주의자들이었습니다. 사람들은 파리에서 며칠 동안 시위를 벌였습니다. 하지만 그뿐이었습니다. 시위가 끝나자 사람들은 모두 돌아가 버렸습니다.

결국 갈루아는 비석 하나 없이 쓸쓸하게 공동묘지에 묻혔습니다.

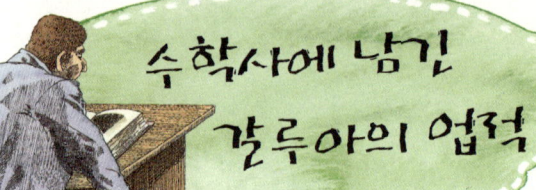

수학사에 남긴 갈루아의 업적

갈루아가 살던 때는 프랑스가 정치적으로 무척 혼란스러웠어요. 프랑스의 황제 나폴레옹이 전쟁에 지고, 엘바 섬으로 유배를 갔기 때문이에요. 얼마 뒤 나폴레옹은 다시 돌아왔지만 세상은 몹시 불안했어요. 왕권을 지켜야 한다고 주장하는 왕당파와 개혁을 원하는 공화주의자들이 팽팽하게 맞섰지요. 갈루아는 이렇게 혼란스러운 세상에서 수학과 혁명을 위해 애를 쓰다 삶을 마친 천재 수학자예요.

어린 시절, 갈루아는 공부를 잘하는 학생들이 많기로 유명한 루이르그랑 학교에 다녔어요. 소설 《레미제라블》을 쓴 빅토르 위고와 《악의 꽃》

으로 유명한 시인 보들레르가 졸업한 학교이지요. 갈루아는 학교에 들어가기 전에 어머니에게 그리스 어와 라틴 어를 배워서 실력이 아주 뛰어났어요. 학교에서 라틴 어와 그리스 어를 잘하는 사람에게 주는 상도 받았어요. 하지만 갈루아는 엄격한 선생님들과 딱딱한 수업 시간이 싫었어요. 갈루아가 유일하게 좋아하는 과목은 바로 수학이었어요. 다른 과목은 낙제 점수를 받기 일쑤였지만 수학만은 열심히 공부했어요. 갈루아는 훌륭한 수학자가 되겠다고 마음먹었지요.

갈루아는 당시 프랑스에서 가장 뛰어난 학생들이 모이는 공과 대학, 에꼴 폴리테크니크에 들

갈루아

어가려고 입학시험을 보았어요. 하지만 두 번이나 떨어지고 말지요. 결국 갈루아는 에꼴 폴리테크니크를 포기하고 사범학교에 입학했어요.

　사범학교에서도 갈루아는 수학 공부를 멈추지 않았어요. 수학에 더욱더 열정적으로 빠져 들었지요. 갈루아가 이 년 동안 배워야 할 수학 교과서를 겨우 이틀 만에 풀어 버렸다는 이야기는 무척 유명해요.

　갈루아는 수학 문제를 읽자마자 답을 낼 수 있었어요. 무척 놀라운 재능이지요. 하지만 갈루아는 많은 사람들에게 인정을 받지는 못했어요. 혼란스러운 사회에서 자신의 꿈을 펼치는 것은 쉬

운 일이 아니었으니까요.

갈루아는 열심히 논문을 써서 유명한 수학자인 코시에게 보냈어요. 그런데 코시는 갈루아의 논문을 그만 잃어버리고 말아요. 잃어버린 논문은 되찾을 수 없었어요. 그때는 전화도 없고, 전자 우편도 없었어요. 힘들게 손으로 논문을 써서 내고 심사 결과를 기다려야 했던 시대였지요.

갈루아는 포기하지 않고 다시 한 번 도전했어요. 아카데미에서 주최한 '수학 대상'에 응모했지요. 그런데 이번에는 심사를 맡은 수학자 푸리에가 죽는 바람에 심사를 받지도 못하고 논문을 잃어버렸어요.

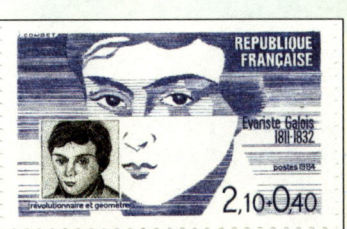

갈루아 기념 우표

괴로워하던 갈루아는 혁명에 뛰어들었어요. 하지만 수학을 버릴 수는 없었어요. 혁명을 위해 힘쓰면서도 틈틈이 논문을 썼어요. 갈루아는 다시 아카데미에 논문을 냈어요. 이번에는 무사히 심사를 받을 수 있었어요. 하지만 갈루아의 논문을 읽은 심사위원들은 '이해할 수 없다.'고 평했지요.

계속되는 불운은 갈루아를 절망에 빠뜨렸어요. 갈루아는 마음의 문을 꼭 닫아 버렸어요. 그리고 오해에 휘말려 스물한 살이란 젊은 나이에 세상을 떠나고 말았지요.

갈루아가 만든 '군 이론'은 갈루아가 살아 있

는 동안에는 인정을 받지 못했어요. 하지만 백 년이 지나 조금씩 빛을 발하기 시작했어요. 이제 '군 이론'은 대수학과 기하학을 통일한 훌륭한 이론으로 칭송을 받고 있어요. 그리고 핵물리학과 유전 공학의 토대가 되었지요.

갈루아의 이름을 딴 거리

갈루아 더 살펴보기

군 이론

어떤 집합에서 연산에 대하여 닫혀 있고, 결합법칙이 성립하고, 항등원과 역원이 존재하는 집합을 군이라고 해요. 너무 어려운 이야기라고요? 지금부터 차근차근 짚어 나가기로 해요.

자연수들이 모인 집합을 만들고, 이름을 N이라고 붙여 보아요. N={ 1, 2, 3, 4, 5, …… }이 되겠지요. 여기서 원소 2와 3을 더해 보아요. 2+3=5가 되지요? 그런데 5는 집합 N의 원소이기도 해요. 이럴 때 이 집합을 '연산에 대하여 닫혀 있다.'고 하지요. 덧셈과 같은 계산을 조금

어려운 말로 연산이라고 해요.

 이번에는 괄호를 써서 3과 5와 8을 더해 보아요. (3+5)+8=3+(5+8)과 같이 3과 5를 먼저 더하거나 5와 8을 먼저 더하여도 답은 똑같지요? 이런 성질을 '결합 법칙'이라고 해요.

 자, 이번에는 항등원에 대해서 설명할게요. 항등원이라는 단어는 처음 듣겠지만 실은 여러분이 이미 알고 있는 개념이에요.

 3+( )=( )+3=3이라는 식에서 괄호에 알맞은 숫자가 있을까요? 0이 있다고요? 맞았어요. 이처럼 더해서 자기 자신이 되게 하

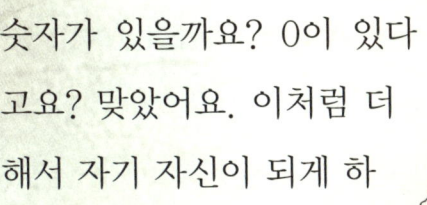

는 수를 덧셈에 대한 '항등원'이라고 하지요.

그런데 0은 집합 N의 원소가 아니잖아요. 그래서 집합 N에는 항등원이 없다고 말을 해요. 그러므로 집합 N은 군이 될 수 없지요. 그럼 어떻게 군을 만들 수가 있을까요?

N에다 0을 집어넣으면 되겠지요. 집합 N에다 0을 합한 집합을 G라고 부르기로 해요. G={ 0, 1, 2, 3, 4, …… }가 되겠지요. 그러면 연산에 대하여 닫혀 있으면서, 결합 법칙도 성립하고, 항등원도 있지요? 하지만 아직 집합 G는 군이 아니에요. 역원이 없기 때문이에요.

3+( )=( )+3=0이라는 식에서 괄호에 알맞은

숫자가 있을까요? −3이라는 음수를 넣으면 돼요. 이렇게 3에 더했을 때 0이 되는 −3을 3의 '역원'이라고 한답니다.

자, 이제 집합 G에다 음수까지 모두 집어넣은 새로운 집합을 만들어 볼게요. 이름은 Z라고 붙여 보아요.

Z={ ……, −3, −2, −1, 0, 1, 2, 3, …… }가 되겠지요. 앞에서 설명한 모든 조건을 만족시키는 집합 Z는 마침내 군이 되었어요.

수학 영재들이 꼭 읽어야 할 천재 수학자 4
수학의 즐거움을 당당하게 누려라 갈루아

펴낸날	초판 1쇄 2008년 4월 30일
	초판 3쇄 2016년 5월 31일

지은이	심은경
그린이	방기황
감 수	계영희
펴낸이	심만수
펴낸곳	(주)살림출판사
출판등록	1989년 11월 1일 제9-210호

주소	경기도 파주시 광인사길 30
전화	031-955-1350 팩스 031-624-1356
홈페이지	http://www.sallimbooks.com
이메일	book@sallimbooks.com

ISBN	978-89-522-0843-9 77410
	978-89-522-0828-6 77410 (세트)

살림어린이는 (주)살림출판사의 어린이 브랜드입니다.

※ 값은 뒤표지에 있습니다.
※ 잘못 만들어진 책은 구입하신 서점에서 바꾸어 드립니다.